DÉPOT LÉGAL
477
1905

8⁰ Pièce
3864

RÉPUBLIQUE FRANÇAISE

LIBERTÉ — ÉGALITÉ — FRATERNITÉ

DÉPARTEMENT DU RHONE

INSPECTION DE L'ASSISTANCE PUBLIQUE

RÈGLEMENT GÉNÉRAL

SUR

le Service des Enfants assistés

LYON

IMPRIMERIE R. SCHNEIDER

Anc^t SCHNEIDER FRÈRES

Quai de l'Hôpital, 9

1905

RÉPUBLIQUE FRANÇAISE

LIBERTÉ — ÉGALITÉ — FRATERNITÉ

DÉPARTEMENT DU RHÔNE

INSPECTION DE L'ASSISTANCE PUBLIQUE

RÈGLEMENT GÉNÉRAL

SUR

le Service des Enfants assistés

LYON

IMPRIMERIE R. SCHNEIDER

Anc¹ SCHNEIDER FRÈRES

Quai de l'Hôpital, 9

1905

RÈGLEMENT GÉNÉRAL

SUR

le Service des Enfants assistés

Nous, Préfet du Rhône, officier de la Légion d'honneur et de l'Instruction publique ;

Vu les lois des 27 et 28 juin 1904, celles des 7-20 décembre et 23 décembre 1874, du 24 juillet 1889 et du 19 avril 1898, ensemble les règlements et les instructions sur la matière ;

Vu les articles 55, 56, 57 et 58 du Code civil et les articles 345, 353 et 354 du Code pénal ;

Vu la délibération du Conseil général du Rhône, en date du 2 septembre 1904, et l'avis de la Commission départementale, en date du 17 décembre 1904 ;

Vu les observations ministérielles, en date des 4 et 11 janvier 1905 ;

Vu l'article 44 de la loi de finances du 22 avril 1905 ;

Vu la délibération du Conseil général, en date du 6 mai 1905 ;

Vu l'approbation ministérielle, en date du 29 mai 1905,

ARRÊTONS :

TITRE PREMIER

Définitions.

Article premier. — Sont qualifiés enfants, pour l'exécution du présent règlement, les mineurs de l'un et l'autre sexe, placés sous la protection ou sous la tutelle de l'Assistance publique.

Art. 2. — Le service des Enfants assistés comprend :

1° Les enfants dits secourus et en dépôt, qui sont sous la protection de l'autorité publique ;

2° Les enfants en garde, qui sont également sous la protection de l'autorité publique ;

3° Les enfants trouvés, les enfants abandonnés, les orphelins pauvres, les enfants maltraités, délaissés ou moralement abandonnés ; ces enfants sont placés sous la tutelle de l'autorité publique et dits pupilles de l'Assistance.

Art. 3. — Est dit enfant secouru :

L'enfant que son père, sa mère ou ses ascendants ne peuvent pas nourrir ni élever, faute de ressources, et pour lequel est accordé le secours temporaire, institué en vue de prévenir son abandon.

Art. 4. — Est dit enfant en dépôt :

L'enfant qui, laissé sans protection ni moyens d'existence, par suite de l'hospitalisation ou de la détention de ses père, mère ou ascendants, est recueilli, temporairement, dans le service des Enfants assistés.

L'enfant reçu en dépôt est rendu à sa famille dès que cessent les causes qui ont motivé son admission temporaire.

Art. 5. — Est dit enfant en garde :

L'enfant dont la garde a été confiée, par les tribunaux à l'Assistance publique, en exécution des articles 4 et 5 de la loi du 19 avril 1898.

Art. 6. — Est dit pupille de l'Assistance :

1° L'enfant qui, né de père et mère inconnus, a été trouvé dans un lieu quelconque, ou porté dans un établissement dépositaire (enfant trouvé).

2° L'enfant qui, né de père ou de mère connus, en est

délaissé sans qu'on puisse recourir à eux ou à leurs ascendants (enfant abandonné).

3° L'enfant qui n'ayant ni père, ni mère, ni ascendants auxquels on puisse recourir, n'a aucun moyen d'existence (orphelin pauvre).

4° L'enfant dont les parents ont été déclarés déchus de la puissance paternelle, en vertu du titre premier de la loi du 24 juillet 1889 (enfant maltraité, enfant délaissé ou moralement abandonné).

5° L'enfant admis dans le service des Enfants assistés en vertu du titre II de la loi du 24 juillet 1889.

TITRE II

Enfants secourus.

Art. 7. — Dans les conditions prévues à l'article 3 de la loi du 27 juin 1904, modifié par la loi de finances du 22 avril 1905, un secours est accordé pour permettre de garder ou nourrir l'enfant ou de le placer en nourrice.

Ce secours est mandaté bimestriellement au nom du père, de la mère ou des ascendants lorsqu'ils élèvent l'enfant ; il est mandaté au nom de la nourrice toutes les fois que l'enfant n'est pas élevé par la famille.

Art. 8. — Le taux de ce secours est égal au prix des mois de nourrice ou de pensions des enfants assistés du même âge, soit 24 francs par mois de 1 jour à 1 an, 18 francs de 1 à 2 ans, et 15 francs de 2 à 3 ans.

Art. 9. — A moins d'exceptions causées soit par l'infirmité soit par une maladie grave des père, mère ou ascendants ou bien de l'enfant, le secours prend fin à la troisième année révolue de ce dernier.

Art. 10. — Un secours de premier besoin, égal à un mois de secours, est accordé à chaque mère qui élève elle-même son enfant ; ce secours peut être renouvelé durant le premier trimestre de l'existence de l'enfant, si l'indigence de la mère justifie cette allocation exceptionnelle, dite prime d'allaitement maternel.

Le secours de premier besoin peut être aussi accordé pour tout enfant nouveau-né qui, ne pouvant être élevé au sein par ceux qui en ont la charge, est confié par eux à une nourrice au sein : le même secours pourra être accordé si le médecin du Service estime que l'enfant ne peut pas être élevé au sein.

Art. 11. — L'assistance temporaire n'est pas seulement accordée aux enfants de moins de trois ans élevés ou placés par les père, mère ou ascendants ; tous les autres enfants susceptibles d'être admis à l'assistance publique, soit comme orphelins pauvres, soit comme abandonnés ou comme enfants en dépôt, peuvent être secourus temporairement chez les parents, les amis ou les collatéraux qui les élèvent ou les ont recueillis en vue d'empêcher leur abandon.

Art. 12. — Le taux du secours fixé par l'article 8 est un maximum ; il peut être abaissé selon le degré d'indigence, les ressources et les charges des père, mère ou ascendants, à 15, 12 et 9 francs par mois, sans pouvoir être inférieur à ce chiffre.

Art. 13. — En cas de légitimation de l'enfant secouru, et si la mère, malgré son mariage, reste indigente, elle reçoit une allocation fixée ainsi qu'il suit :

100 francs, si la légitimation a lieu pendant la 1re année.
75 — — — — 2e —
50 — — — — 3e —

Comme conséquence de l'allocation de la prime de légitimation, le secours temporaire est supprimé, à moins de décision contraire prise pour chaque cas.

Art. 14. — Le secours est réduit, suspendu ou supprimé si la mère se place comme nourrice sur lieu, si le père, la mèr ou les ascendants, cessent d'être indigents ou s'ils cessent de donner ou faire donner les soins nécessaires à l'enfant. Il peut être maintenu lors même que l'enfant, le père, la mère ou les ascendants n'habitent plus le département.

Art. 15. — Les enfants indigents, arriérés ou anormaux, ainsi que les enfants atteints d'une infirmité grave, sont admis à recevoir sur la désignation de la Commission départementale une allocation de secours dans les conditions fixées par la délibération du Conseil général, en date du 30 août 1901.

Ils peuvent aussi être pourvus d'une bourse à l'établissement médico-pédagogique de Meyzieu, en conformité de la délibération précitée et sur décision de la Commission départementale.

TITRE III

Pupilles de l'Assistance.

SECTION PREMIÈRE

Mode d'admission.

Art. 16. — Il est institué, en conformité de l'article 8 de la loi, un bureau de réception et d'admission, situé à l'hospice dépositaire de la Charité, où peuvent être présentés les enfants dont l'admission, en qualité de pupilles de l'Assistance, est demandée.

La présentation a lieu à ce bureau, ouvert le jour et la nuit, et sans autre témoin que la personne préposée au service d'admission.

Bureau ouvert.

Art. 17. — La personne qui est de service déclare à celle qui présente l'enfant que la mère, si elle garde l'enfant, peut recevoir les secours prévus à l'article 7, et, notamment, un

secours de premier besoin, qui est alloué immédiatement.
Elle signale les conséquences de l'abandon, telles qu'elles
résultent de l'article 22 de la loi.

Si l'enfant paraît âgé de moins de sept mois et si la personne qui le présente refuse de faire connaître le nom, le
lieu de la naissance, la date de la naissance de l'enfant, ou
de fournir l'une de ces trois indications, acte est pris de ce
refus et l'admission est prononcée. Dans ce cas, aucune
enquête administrative ne sera faite, et il sera procédé ainsi
qu'il suit, par application de l'article 58 *in fine* du Code civil.

La préposée dressera un procès-verbal détaillé qui énon-
cera toutes les circonstances de l'admission, et en outre
l'âge apparent de l'enfant, son sexe, les nom et prénoms qui
lui seront donnés.

Ce procès-verbal sera inscrit sur les registres de l'état
civil et tiendra lieu de bulletin de naissance de l'enfant.

Art. 18. — En dehors du cas spécifié par le deuxième
paragraphe de l'article précédent, lorsque les secours n'au-
ront pas été acceptés, la personne préposée aux admissions
transmet immédiatement à l'Inspecteur départemental délégué du Préfet, avec son avis, les pièces et les renseigne-
ments produits à l'appui de la demande ; toutefois, elle peut
recueillir provisoirement l'enfant, si elle juge qu'il appartient
à l'une des catégories définies par le 3° de l'article 2 ou par
les 2° et 3° de l'article 6 et qu'on ne saurait attendre, sans
péril pour lui, la décision du Préfet.

Art. 19. — Les enfants admis à l'Assistance, à bureau
ouvert, sont transférés aussitôt que possible, à l'hospice
dépositaire.

Art. 20. — Les personnes préposées aux admissions sont
nommées par le Préfet, sur la proposition de l'Inspecteur
départemental, sous l'autorité duquel elles sont placées.

Enfants trouvés.

Art. 21. — Les enfants trouvés dans un lieu quelconque
peuvent être présentés au bureau ouvert ou transportés

directement à l'hospice de la Charité, à charge d'accomplissement des formalités prescrites par l'article 58 du Code civil.

Enfants nés dans les maternités.

Art. 22. — Les enfants nés dans les maternités hospitalières bénéficient *de plano* de l'assistance que sollicitent leurs mères, en conformité de la déclaration verbale faite au Sous-Inspecteur délégué et que ce fonctionnaire consigne sur un bulletin *ad hoc*.

Admission sur demandes verbales ou écrites.

Art. 23. — Les enfants qui ne peuvent être considérés comme des enfants trouvés et qu'on ne veut pas présenter au bureau ouvert, peuvent être admis à l'Assistance :

1° Sur demande verbale faite aux bureaux de l'inspection de l'Assistance publique situés :

A) Rue Commandant-Dubois, 2 ;

B) Hospice de la Charité.

2° Sur demande écrite adressée au Préfet ou à son délégué, l'Inspecteur départemental de l'Assistance publique.

Art. 24. — Les pièces à produire sont :

Pour les enfants en dépôt.

1° Bulletin de naissance ;
2° Certificat constatant l'hospitalisation ou la détention des père, mère ou ascendants.

Pour les enfants en garde.

1° Bulletin de naissance ;
2° Lettre du Parquet ou du Juge d'Instruction, ordonnance de non-lieu, ou jugement prescrivant la mesure d'assistance.

Pour les enfants abandonnés.

1° Extrait de naissance ;

2 Certificat de l'autorité locale ou, du Commissaire de police constatant l'abandon de l'enfant par suite de la disparition des parents ou de l'impossibilité de recourir à eux.

Pour les orphelins.

1° Extrait de naissance;

2° Extrait de décès des parents et des ascendants ;

3° Certificat de l'autorité locale ou du Commissaire de police constatant l'indigence des parents et ascendants décédés, et attestant que s'il ·reste des ascendants vivants ou des collatéraux, aucun d'eux ne consent à se charger de la tutelle ou n'est en situation de pouvoir l'exercer.

Pour les enfants moralement abandonnés, en vertu du titre Ier de la loi du 24 juillet 1889.

1° Extrait de naissance ;

2° Procès-verbal constatant les faits de nature à justifier la déchéance, ou jugement prononçant la déchéance.

Pour les enfants moralement abandonnés, en vertu du titre II de la loi du 24 juillet 1889.

1° Extrait de naissance;

2° Certificat de l'autorité locale ou du Commissaire de police indiquant les causes pour lesquelles les parents ou le tuteur sollicitent l'admission, ou pour lesquelles l'application des articles 19 et 20 de la loi de 1889 est demandée;

3° Déclaration signée, par les parents ou le tuteur, en conformité de l'article 17 de la loi de 1889.

SECTION II

Tutelle.

Art. 25. — La protection des enfants de toute catégorie et la tutelle des pupilles de l'Assistance publique sont exercées par le Préfet ou par son délégué, l'Inspecteur départemental.

Art. 26. — Le tuteur est assisté d'un conseil de famille, formé par une commission de sept membres, élus par le Conseil général et renouvelés tous les quatre ans.

Le tuteur ou son délégué assiste aux séances du conseil; il est entendu quand il le demande.

Art. 27. — Les attributions du tuteur et du conseil de famille sont celles que détermine le Code civil; elles comprennent, notamment, le droit de donner ou de refuser le consentement au mariage, à l'émancipation, à l'engagement militaire; toutefois, il n'est pas institué de subrogé tuteur.

Dans le cas d'émancipation, le tuteur ou son délégué est seul tenu de comparaître devant le juge de paix.

L'acte d'émancipation est délivré sans frais.

Art. 28. — Les biens du tuteur ne sont pas soumis à l'hypothèque légale instituée par l'article 2121 du Code civil.

Les intérêts du pupille sont garantis par le cautionnement du fonctionnaire chargé de la manutention des deniers et de la gestion des biens.

En cas d'émancipation, ce dernier remplit les fonctions de curateur.

Art. 29. — La manutention des deniers et la gestion des biens des pupilles sont confiées au trésorier-payeur général. Les fonds sont placés à la Caisse nationale d'épargne ou en rentes sur l'État.

Le tuteur peut autoriser, au profit du pupille, le retrait de tout ou partie des fonds appartenant à ce dernier.

Le conseil de famille pourra décider, au moment de la sortie d'un pupille du service des Enfants assistés, qu'une partie ne dépassant pas le cinquième du pécule lui appartenant sera versée à la Caisse nationale des retraites, en vue de lui constituer une pension de retraite.

Art. 30. — Les revenus des biens et capitaux appartenant aux pupilles, à l'exception de ceux provenant de leur travail et de leurs économies, sont perçus au profit du département, à titre d'indemnité des frais d'entretien. Toutefois, sur l'avis du conseil de famille, le Préfet peut faire, à cet égard, au moment de la reddition des comptes, toute remise qu'il jugera équitable.

Les comptes de tutelle sont approuvés par le conseil dé famille et rendus sans frais.

Art. 31. — L'enfant réclamé par ses parents peut leur être remis si le tuteur estime, après avis du conseil de famille, que la remise est dans l'intérêt de l'enfant. L'Administration peut, en outre, autoriser des remises d'essai durant lesquelles sa surveillance continue à s'exercer pendant un an au moins ; à l'expiration de ce délai, la remise deviendra définitive.

Toutefois, pour les enfants maltraités ou moralement abandonnés, cette remise ne peut être faite, aux parents déchus de la puissance paternelle, qu'après l'accomplissement des formalités prescrites par les articles 15 et 16 de la loi du 24 juillet 1889.

Les parents devront rembourser en une seule fois ou par versements mensuels échelonnés sur une ou plusieurs années, la dépense faite pour l'entretien de leur enfant, à moins que la Commission départementale ne les exonère en tout ou partie.

Lorsque la demande en retrait sera basée sur le mariage de la mère et la légitimation de l'enfant, avant que celui-ci n'ait atteint sa troisième année révolue, la prime de légitimation pourra être accordée dans les conditions spécifiées par l'article 13 du présent règlement.

L'allocation de la prime de légitimation exonérera *de plano* de tout remboursement.

Art. 32. — Toute remise de l'enfant à d'autres qu'à ses parents ou grands parents, même quand il est confié en vue d'une adoption ultérieure, ne peut avoir lieu que sous réserve de la tutelle.

Toutefois, lorsque l'enfant a été confié pendant trois ans à un particulier à titre gratuit, ce dernier, même s'il est âgé de moins de cinquante ans et l'enfant de plus de quinze ans, peut, en obtenant le consentement du conseil de famille, devenir le tuteur officieux de l'enfant.

Le juge de paix du domicile de l'enfant dresse procès-verbal de la demande et du consentement; ces pièces et le procès-verbal sont visés pour timbre et enregistrés gratis.

SECTION III

Placements et surveillance.

Art. 33. — L'hospice de la Charité reste désigné comme unique établissement dépositaire pour le département du Rhône pour recevoir les pupilles en attendant leur placement à la campagne ou dans des établissements spéciaux.

Les enfants en bas âge sont placés dans une crèche et les autres dans un quartier spécial.

Les personnes chargées de surveiller et soigner les enfants ont seules accès dans ces locaux, qui doivent être appropriés en conformité de l'avis du Conseil d'hygiène.

Art. 34. — Le pupille n'est maintenu dans l'établissement dépositaire que s'il est constaté que son état de santé l'exige ou sur une décision motivée de son tuteur.

Aucun enfant ne peut être placé pour être élevé au sein sans qu'il ne soit accompagné d'un certificat sanitaire délivré par le médecin de l'établissement dépositaire et sans qu'il n'ait été, en outre, au moment même de la remise à sa nourrice, examiné par le docteur-médecin du Service, qui doit déclarer si l'enfant paraît sain et ne présente aucun symptôme de syphilis ou d'affection contagieuse, et qu'il est dans un état de santé générale qui lui permet de supporter le trajet de l'hospice dépositaire au domicile de sa nourrice.

Art. 35. — Un pupille âgé de moins de sept mois ne peut être confié à une nourrice dont le dernier enfant n'a pas sept mois révolus.

Chaque nourrice doit être munie, au préalable, des certificats réglementaires prescrits par la loi du 23 décembre 1874 et le décret du 27 février 1877.

La nourrice au sein est l'objet d'une contre-visite du docteur-médecin du Service, à l'hospice dépositaire.

Elle n'est définitivement agréée qu'ensuite de cette contre-visite.

Elle doit être âgée de quarante ans au plus et son lait ne doit pas avoir plus de treize mois.

La nourrice refusée est remerciée et indemnisée de son déplacement; celle qui est acceptée, est logée et nourrie à l'hospice dépositaire jusqu'au moment où elle part, pourvue de son nourrisson.

Art. 36. — Les pupilles âgés de moins de treize ans sont, sauf exception, confiés à des familles habitant la campagne, qui justifient de leur honorabilité et dont aucun membre n'est soupçonné atteint de tuberculose et n'est inscrit sur la liste d'assistance médicale gratuite.

La préférence doit être accordée aux familles dont la résidence est la plus rapprochée de l'école publique.

Les frères et les sœurs sont, autant que possible, placés dans la même famille ou, au moins, dans la même commune.

Art. 37. — Le lieu de placement du pupille reste secret, sauf décision du Préfet prise dans l'intérêt de l'enfant. La mère et la personne qui ont présenté l'enfant peuvent être renseignées, à des époques fixes, sur l'existence ou la mort de celui-ci.

Mois de nourrice et pensions. — Indemnités et primes.

Art. 38. — Les mois de nourrice et prix de pensions sont fixés ainsi qu'il suit :

De la naissance à un an........ 24 fr. par mois.
De un à deux ans............. 18   —
De deux à trois ans........... 15   —
De trois à six ans............ 12   —
De six à treize ans........... 9   —

Il est accordé des prix exceptionnels, fixés pour chaque cas, à l'égard des enfants atteints d'infirmités.

Le prix de pension, de même que le secours temporaire, ne décroît qu'à l'expiration du trimestre pendant lequel l'enfant a passé d'un âge à un autre.

Art. 39. — La rétribution de la nourrice à laquelle est confié un pupille comprend la pension ci-dessus indiquée et une allocation éventuelle, dite prime de survie.

Cette prime, fixée à soixante francs, est définitivement acquise lorsque le pupille a quinze mois révolus; elle est proportionnée au nombre de mois pendant lesquels la nourrice a gardé l'enfant.

Cette prime est payée en deux fois, savoir: 24 francs à six mois; le solde, soit 36 francs, à quinze mois.

Elle n'est délivrée que si la nourrice a préservé l'enfant de tout accident et l'a entouré de soins attentifs et dévoués.

Art. 40. — La pension est payée au nourricier jusqu'à ce que le pupille ait treize ans révolus, sauf les cas de prolongation nécessités par la continuation des études scolaires, ou par des infirmités rendant le pupille inapte à être placé en apprentissage ou en domesticité.

Art. 41. — Le nourricier qui a gardé un pupille pendant dix ans au moins, l'a élevé avec soin et envoyé régulièrement à l'école publique, reçoit, lorsque l'enfant a treize ans révolus, une récompense pécuniaire dont la quotité est fixée à 60 francs.

Instruction et éducation morale et civique.

Art. 42. — Le nourricier est tenu, à l'égard du pupille aux obligations auxquelles sont assujettis les parents par la loi du 28 mars 1882, sur l'enseignement primaire; il doit donc, sous peine de retenue de pension, de retrait de l'enfant et de toutes autres pénalités édictées par la loi précitée, envoyer régulièrement à l'école primaire publique le pupille de l'âge scolaire, qui lui est confié ; il doit l'élever en bon père de famille et lui faire donner une forte éducation, morale et civique.

Si une salle d'asile ou classe enfantine existe dans la localité il doit y envoyer le pupille dès qu'il peut y être reçu.

Art. 43. — Il est alloué au nourricier, en sus de la pension ordinaire, une indemnité mensuelle de 1 franc par mois de fréquentation scolaire régulière, à charge par lui d'acheter au pupille toutes les fournitures scolaires qui lui sont nécessaires.

Art. 44. — Il est alloué à chaque nourricier une prime de 50 francs, lorsque le pupille qui lui est confié obtient le certificat d'études primaires avant sa treizième année révolue.

Cette allocation est facultative si le pupille est âgé de plus de treize ans.

Art. 45. — Il est accordé à tout pupille qui obtient le certificat d'études primaires, une récompense de 20 francs qui lui est attribuée à son choix, en un livret de caisse d'épargne, ou en une montre en argent.

Art. 46. — Il est accordé une indemnité de 50 francs à tout instituteur ou institutrice qui prépare et fait recevoir au certificat d'études primaires un ou plusieurs pupilles qui fréquentent son école.

Cette indemnité peut être accordée en l'absence de tout certificat d'études à tout maître dont le dévouement vigilant à l'égard de nos pupilles mérite d'être encouragé.

Art. 47. — Les pupilles parvenus à l'âge de six ans, sont affiliés aux mutualités scolaires ; le paiement de leurs cotisations est à la charge du budget départemental jusqu'à leur treizième année révolue. Passé cet âge, ces cotisations sont payées de la façon indiquée par l'article 48 du présent arrêté.

Placement en apprentissage ou en domesticité.

Art. 48. — Le pupille dont la pension n'est plus payée, est mis en apprentissage ou en domesticité, de préférence dans les professions agricoles ; il est pourvu d'un trousseau ; un contrat écrit, dispensé du timbre, détermine les conditions du placement ; à moins que l'intérêt de l'enfant ne s'y oppose, le pupille est maintenu chez le nourricier. Une portion du salaire est placée, conformément à l'article 15 de la loi.

La cotisation mutualiste est à la charge et prélevée sur les économies du pupille placé à gages ; elle reste à la charge du budget départemental pour tous les pupilles non placés à gages, notamment pour tous ceux qui, plus intelligents et mieux doués, pourront être placés, aux frais du département, dans des écoles spéciales, agricoles, commerciales ou industrielles et même dans les écoles normales, les Lycées ou les Facultés.

Art. 49. — Une prime de 20 à 30 francs, dite prime de bonne conduite, est accordée annuellement par le Préfet, sur la proposition de l'Inspecteur départemental, aux pupilles qui méritent cette faveur et peuvent être cités en exemple à leurs camarades. (Arrêté préfectoral en date du 24 mai 1870.)

Art. 50. — Une dot de 200 francs est accordée à tout pupille qui, dûment autorisé, contracte mariage avant sa majorité. (Délibération du Conseil général du 8 septembre 1880.)

Art. 51. — En outre des primes et dots sus-indiquées, il est accordé des dots de mariage prélevées sur les dons, legs et successions, en conformité des articles 49 et 51 de la loi, et des récompenses spéciales prélevées sur la caisse des pupilles instituée par arrêté préfectoral du 3 mars 1903 en conformité de la délibération du Conseil général du 25 août 1902.

BIBLIOTHÈQUE NATIONALE R.F. IMPRIMÉS

Pupilles vicieux ou difficiles à diriger.

Art. 52. — Les pupilles vicieux ou difficiles à diriger, qui ne peuvent être pourvus de placements familiaux, ou ne peuvent être maintenus dans ceux qui leur ont été procurés, sont placés dans les écoles professionnelles de réforme, ou dans les maisons pénitentiaires en conformité de la loi du 28 juin 1904.

Avant toute autre mesure coercitive, les pupilles seront appelés, en personne, à exposer leurs excuses ou moyens de défense.

Layettes et vêtures.

Art. 53. — Au moment de leur placement et ensuite annuellement, il est délivré aux pupilles de l'Assistance, ainsi qu'aux autres enfants placés par le service d'inspection, des layettes et vêtures dont le prix et la composition sont fixés conformément au tableau détaillé, annexé au présent arrêté.

Art. 54. — Il est délivré également une layette à tous les enfants secourus provenant des maternités hospitalières, élevés ou placés par leurs mères.

Art. 55. — Une layette peut aussi être accordée aux autres enfants secourus temporairement, sur décision spéciale prise pour chaque cas.

Art. 56. — Une indemnité de chaussures est accordée aux nourriciers des pupilles, aux âges et d'après les tarifs suivants :

Enfants de 2 à 4 ans.................. 6 francs par an.
    —   4 à 6 ans................... 8 —
    —   6 à 8 ans................... 10 —
    —   8 à 13 ans.................. 12 —

Art. 57. — La délivrance annuelle des vêtures a lieu dans le courant de septembre par les soins du directeur d'agence auquel elles sont envoyées par le service d'inspection.

Elles doivent être distribuées sans frais pour le nourricier.

Art. 58. — Le nourricier, lors du décès ou du rappel d'un enfant, doit rendre tous les effets qui appartiennent au pupille sous peine de retenue d'une somme égale à la valeur des objets conservés, si ceux-ci n'ont pas encore été usagés par le pupille rappelé ou décédé.

Soins médicaux. — Fournitures pharmaceutiques. —
Frais mortuaires.

Art. 59. — Les soins médicaux sont donnés aux pupilles de l'Assistance publique et aux enfants placés par le service du Rhône, par des médecins nommés par le Préfet, sur la proposition de l'Inspecteur départemental, et les fournitures pharmaceutiques sont délivrées par les pharmaciens désignés par le Préfet sur la proposition de l'Inspecteur, après avis du médecin de la circonscription.

Art. 60. — Les conditions de fonctionnement et de tarification du service médical et pharmaceutique sont réglées en conformité des délibérations du Conseil général en dates des 19 avril 1899 et 15 avril 1904.

Art. 61. — § 1er. — Les médecins-inspecteurs du service des Enfants assistés du Rhône, nommés par le Préfet, et qui seront pris autant que possible, parmi les membres du corps médical chargés du service de la Protection du premier âge, sont chargés, dans chacune des circonscriptions créées à cet effet, de donner les soins médicaux aux enfants assistés placés dans ces circonscriptions.

Ces médecins se rendront au domicile des nourriciers, gardiens ou patrons, pour soigner les enfants malades, lorsqu'ils en seront requis par les maires ou, en cas d'urgence, directement par les gardiens et seulement lorsque les enfants ne pourront être conduits à la consultation chez les médecins.

Après chaque visite à domicile, ou chaque consultation, le Directeur d'agence doit être avisé par le médecin au moyen d'un bulletin spécial établi à cet effet.

§ 2. — Les médecins-inspecteurs recevront, à titre d'honoraires, les indemnités fixées ci-après par le Conseil général :

DÉPARTEMENTS	Consultation		VISITE		INDEMNITÉ KILOMÉTRIQUE
Ain............	1	»	1	»	0,50 c. à l'aller seulement.
Allier..........	1	»	1	»	0,75 c. — —
Ardèche........	2	»	1	»	0,50 à l'aller et au retour.
Jura...........	1	»	1	»	0,75 c. et 1 fr. à l'aller seulement
Loire..........	1	»	1	50	1 fr. — —
Haute-Loire ...	1	»	1	»	1 fr. — —
Puy-de-Dôme..	1	»	1	»	1 fr. — —
Saône-et-Loire.	1	»	1	»	0,60 c. — —
Savoie.........	1	»	1	50	0,80 c. et 1 fr. 50 — —
Haute-Savoie ..	1	»	1	50	0,60 c. et 1 fr. — —
Rhône.........	1	»	1	50	1 fr. — —

Art. 62. — Il est créé, dans chaque circonscription médicale, une ou plusieurs circonscriptions pharmaceutiques, dans lesquelles les pharmaciens désignés par le Préfet sont chargés de délivrer, conformément au tarif adopté par le Conseil général, les médicaments prescrits aux enfants assistés par les médecins-inspecteurs.

Le tarif pharmaceutique de l'association générale des pharmaciens de France à l'usage de l'assistance médicale gratuite, avec une réduction de 10 % sur l'ensemble des fournitures, est adopté comme tarif maximum pour le service des Enfants assistés du Rhône.

Art. 63. — Aucun médicament ne doit être délivré sans une ordonnance établie et signée *à l'encre* par le médecin du Service, sur un bon réglementaire relatant les indications portées au livret du pupille.

Dans aucun cas, le médecin ne devra régulariser, après coup, une livraison faite par le pharmacien.

Le renouvellement des médicaments est interdit sans une ordonnance formulant à nouveau la prescription et de façon détaillée.

Tout virement est formellement interdit. Un pharmacien convaincu d'avoir délivré un produit autre que celui porté sur l'ordonnance du médecin pourra être radié de la liste des fournisseurs du service des Enfants assistés.

Tout médicament, non compris dans le tarif, sera rayé des mémoires.

Tout nourricier, gardien ou patron, qui sera convaincu d'avoir sollicité et obtenu des visites médicales ou la délivrance de médicaments pour lui-même ou l'un des membres de sa famille, et cela au compte du service des Enfants assistés et au nom du pupille à lui confié, sera l'objet de poursuites judiciaires.

Afin de pouvoir surveiller efficacement le fonctionnement du service médical et pharmaceutique, les directeurs d'agence peuvent exiger que les ordonnances à présenter aux pharmaciens, en résidence au siège de l'agence, soient soumises, au préalable à leur visa.

Ils peuvent exiger, pour les autres fournisseurs, que les ordonnances délivrées leur soient communiquées mensuellement.

Art. 64. — En outre des visites qu'ils doivent faire, ou des consultations qu'ils doivent donner en cas de maladie des enfants, les médecins du service des Enfants assistés du Rhône sont tenus de visiter les enfants âgés de moins de deux ans, bi-mensuellement pendant les quatre premiers mois de leur placement, et mensuellement après cette période, sauf pendant les mois de juillet, août et septembre, où en raison des chaleurs et des maladies infantiles plus fréquentes, les visites doivent être aussi bi-mensuelles.

Art. 65. — Après chaque visite, le médecin du Service doit envoyer immédiatement au Directeur d'agence un bulletin sanitaire concernant l'enfant et la nourrice et signalant notamment si l'enfant peut être maintenu au sein, sans danger pour la nourrice.

Art. 66. — Les visites ci-dessus sont rétribuées à raison de trois francs la première et de deux francs les suivantes.

La dépense est imputée sur le crédit inscrit à cet effet au chapitre 1ᵉʳ du budget départemental pour frais d'assistance médicale des enfants assistés.

Art. 67. — L'indemnité d'inhumation pour chaque pupille ou assimilé décédé dans un placement familial est fixée à 10 francs.

Art. 68. — Il est remis à chaque nourrice, nourricier ou gardien, au moment ou l'enfant lui est confié, un livret mentionnant les obligations et les devoirs qui lui sont imposés, et indiquant les prix de pensions et autres allocations en argent auxquelles il a droit; le nombre, la composition et les époques de délivrance des layettes et vêtures; deux tableaux destinés à constater, l'un, les paiements, et l'autre, la remise du vestiaire.

Le nourricier, gardien ou patron, est tenu, sous peine de retenue de la pension, et du remboursement des frais occasionnés par sa résistance, sans préjudice des poursuites édictées par l'article 345 du Code pénal, de remettre le pupille qui lui est confié, à toute réquisition de l'Inspecteur départemental ou de son représentant.

Il ne doit remettre ni confier le pupille à un tiers sans une autorisation formelle de l'Inspecteur départemental ou de son délégué.

Toute personne qui aura détourné ou fait déplacer un pupille de l'Assistance publique, ou l'aura pris à son service sans autorisation préalable de l'Inspecteur, sera déférée aux tribunaux, en conformité de l'article 354 du Code pénal.

Art. 69. — Tout pupille de l'Assistance, tout autre enfant dépendant du Service, en conformité du présent règlement, est l'objet d'une surveillance qu'exercent l'Inspecteur et les Sous-Inspecteurs de l'Assistance publique. Les visites ont lieu à domicile.

Les pupilles du Rhône, placés hors du département, sont surveillés dans les conditions ci-après indiquées :

1º Par les Directeurs d'agence, nommés par le Préfet sur la proposition de l'Inspecteur, sous l'autorité duquel ils sont placés, en conformité de l'arrêté préfectoral annexé au présent règlement ;

2º Par l'Inspecteur et les sous-inspecteurs, dans les tournées d'inspection et de contrôle qu'ils effectuent dans les agences.

Les Directeurs d'agence adressent chaque trimestre à l'Inspecteur départemental un rapport sommaire sur les observations résultant de leurs tournées.

L'Inspecteur et les Sous-Inspecteurs adressent un semblable rapport au Préfet pour être transmis au Ministre.

Art. 70. — Les dames enquêteuses sont chargées de visiter les enfants secourus temporairement placés dans l'agglomération lyonnaise. Elles porteront désormais la qualification de dames visiteuses en conformité de l'article 30 *in fine* de de la loi du 27 juin 1904.

TITRE IV

Administration.

Art. 71. — Le service des Enfants assistés est réglé par le Conseil général ; il est administré par le Préfet et, sous l'autorité du Préfet, directement par l'Inspecteur départemental de l'Assistance publique, Directeur du service.

Art. 72. — Le personnel de l'Inspection départementale de l'Assistance publique du Rhône se compose :

1º D'un Inspecteur, d'un ou de plusieurs Sous-Inspecteurs, d'un ou de plusieurs commis d'inspection, nommés par le Ministre de l'Intérieur et rétribués par l'Etat.

2º D'employés de l'Inspection comprenant entre autres des dames visiteuses, de directeurs et commis d'agence, nommés par le Préfet sur la proposition de l'Inspecteur, placés sous l'autorité immédiate de ce dernier et rétribués sur les fonds départementaux.

Art. 73. — Le Préfet soumet au Conseil général les prévisions des recettes et les crédits du Service ; il exécute, liquide et ordonnance les dépenses. Le trésorier-payeur général en assure le payément.

Toutes les opérations de recettes et de dépenses du Service sont comprises dans le compte administratif du Préfet et dans le compte de gestion du trésorier-payeur général.

Sur la proposition de l'Inspecteur départemental, le Préfet nomme et révoque les agents du service, payés sur les fonds du département.

Art. 74. — Par l'intermédiaire des Directeurs d'agence, avec le concours de ses collaborateurs immédiats, les sous-inspecteurs, l'Inspecteur départemental recrute les nourrices, nourriciers et patrons, procure la distribution des layettes et vêtures, fixe les conditions des contrats de placement ou d'apprentissage et d'une manière générale, propose au Préfet toutes les mesures que commandent la protection et la tutelle instituées par la loi.

Les Directeurs d'agence peuvent déplacer un pupille en cas d'urgence, à la charge d'en informer immédiatement l'Inspecteur pour que celui-ci en réfère, si besoin est, au Préfet.

Chaque année, l'Inspecteur adresse au Préfet, qui le soumet au Conseil général, un rapport sur le Service. Ce rapport est suivi des comptes de l'exercice clos et des propositions pour le budget de l'année suivante.

L'Inspecteur vise toutes les pièces de dépenses du Service.

Art. 75. — La Commission départementale reçoit communication des décisions intéressant le Service, prises depuis sa dernière séance.

Elle donne son avis au Préfet sur les questions qu'il lui soumet ou qu'elle croit devoir lui signaler.

Elle présente tous les ans, au Conseil général, un rapport sur le Service.

L'Inspecteur départemental peut être appelé, par la Commission, à assister aux séances avec voix consultative.

Art. 76. — Le Préfet transmet tous les ans, au Ministre de l'Intérieur, avec ses observations, le rapport annuel de la Commission départementale, le rapport annuel de l'Inspecteur, les délibérations du Conseil général sur le Service. Ces documents sont communiqués au Conseil supérieur de l'Assistance publique.

Art. 77. — L'Inspecteur départemental de l'Assistance publique exerce les attributions qui lui seront conférées tant en vertu de la délégation qui lui est donnée en conformité de l'article 11 de la loi qu'en conformité de ce règlement, au moyen de directeurs d'agence que le Préfet du Rhône nomme sur la proposition de l'Inspecteur. Chaque directeur réside dans la circonscription où sont placés les pupilles dont la surveillance lui est confiée.

Le Préfet du Rhône contrôle le service des directeurs susvisés au moyen de l'Inspecteur et des Sous-Inspecteurs, que nomme le Ministre de l'Intérieur.

Art. 78. — L'article 378 du Code pénal, relatif au secre professionnel, est applicable à toute personne engagée dans le service des Enfants assistés.

En aucun cas, les dossiers concernant les enfants assistés ne sont distraits du bureau de l'Inspecteur, si ce n'est pour être remis au Préfet.

Dans tous les cas où la loi ou les règlements exigent la production de l'acte de naissance, il pourra y être suppléé, si le Préfet estime qu'il y a lieu d'observer le secret, par un certificat d'origine dressé par l'Inspecteur et visé par le Préfet.

TITRE V

Dépenses.

Art. 79. — Le père, la mère et les ascendants du pupille de l'Assistance ou d'un enfant dont l'Administration a la garde restent tenus envers lui de la dette alimentaire.
Toute stipulation contraire est nulle.

Art. 80. — Le département supporte les dépenses occasionnées par tous les enfants ayant leur domicile de secours dans le Rhône, en conformité des trois premiers paragraphes de l'article 39 de la loi.
Il est remboursé par l'État des dépenses motivées par des enfants n'ayant leur domicile de secours dans aucun département.

Art. 81. — Les contestations relatives au domicile de secours et à l'admission des pupilles sont réglées par application de l'article 40 de la loi.

Art. 82. — Les biens du pupille décédé, lorsqu'aucun héritier ne se présente, sont recueillis par le département et consacrés, conformément aux dispositions de l'article 51 de la loi, à la création de dots de mariage en faveur de pupilles ou d'anciens pupilles des deux sexes.

Art. 83. — Les héritiers qui se présentent pour recueillir la succession d'un pupille sont tenus d'indemniser le département de l'entretien de l'enfant. Les revenus perçus par le département entrent en compensation jusqu'à due concurrence.

Art. 84. — Les recettes et les dépenses du service votées, annuellement, par le Conseil général, font l'objet d'articles spéciaux dans le budget départemental.

Art. 85. — Les dépenses sont divisées en dépenses du Service et dépenses d'inspection et de surveillance.

Art. 86. — Les dépenses du Service, déduction faite des frais occasionnés par des pupilles sans domicile de secours, lesquels sont intégralement à la charge de l'État, ainsi que les recettes provenant du remboursement des départements ou des familles, du produit des amendes de police correctionnelles, du produit et des revenus des dons et legs applicables au service, sont payées pour deux cinquièmes par l'Etat et pour un cinquième par les communes.

Art. 87. — Les dépenses du Service, auxquelles participent l'État, les communes et le département dans les conditions et proportions spécifiées par l'article 45 de la loi et 86 du présent règlement, comprennent notamment :

1° Le salaire des personnes préposées aux admissions ;

2° Les secours temporaires accordés en conformité des articles 3 et 7 de la loi et des articles 7 à 15 du présent règlement ;

3° Les frais de séjour des enfants dans les établissements dépositaires, dans les écoles professionnelles prévues pour l'éducation séparée des pupilles vicieux ou difficiles et, s'il y a lieu, les frais de location des immeubles affectés au Service ;

4° Les dépenses de nourrices sédentaires ;

5° Les prix de pensions et les allocations réglementaires ou exceptionnelles concernant les pupilles confiés à des familles ou placés dans des établissements autres que les établissements dépositaires, y compris la ferme-école de Longes, les primes aux nourrices et aux nourriciers, les fournitures scolaires, les cotisations des enfants assistés âgés de moins de treize ans et affiliés aux mutualités scolaires ;

6° Les frais des layettes et des vêtures de tous les pupilles en général, sans en excepter ceux placés à la ferme-école de Longes ;

7° Les frais de déplacement soit des pupilles, soit des nourrices et, au besoin, les frais relatifs à l'engagement des nourrices ;

8° Les registres, les imprimés et les signes de reconnaissance ;

9° Les frais d'assistance médicale et d'inhumation des pupilles ;

10° Les frais de recouvrement et de gestion des deniers pupillaires ;

11° Les remboursements aux départements étrangers ;

12° Les frais résultant de l'exécution de jugements rendus en vertu de la loi du 24 juillet 1889, de production de pièces en vue de mariage ou émancipation de pupilles ;

Art. 88. — Les dépenses d'inspection et de surveillance sont à la charge de l'Etat ; elles comprennent les traitements et les indemités de tournées et de déplacement du personnel et généralement, les frais occasionnés par la surveillance du Service.

Art. 89. — Les prix de journée dans un établissement dépositaire dépendant d'un hospice, sont fixés, tous les cinq ans, par le Conseil général, sur la proposition de la Commission administrative.

En cas de réclamation de la Commission, ils sont fixés par un arrêté du Ministre de l'Intérieur ; la réclamation est formée dans les trois mois qui suivent la notification de la décision du Conseil général ;

Dans le cas où il y aurait lieu de procéder, pendant le délai de cinq ans, à une révision des prix de journées, le Conseil général en décidera sur la proposition du Préfet ou sur celle de la Commission administrative.

En cas de réclamation, il sera statué par arrêté du Ministre de l'Intérieur, dans les conditions et délais du deuxième paragraphe du présent article.

Conformément à la délibération du Conseil général en date du 19 avril 1901 et à l'arrêté préfectoral du 15 mai 1901, les prix des frais de séjour des pupilles à l'hospice dépositaire de la Charité restent fixés pour la période quinquennale qui prendra fin le 31 décembre 1905, à 1 franc par jour, quel que soit l'âge du pupille.

Art. 90. — Les recettes du Service comprennent :

1° La subvention et les remboursements de l'État ;

2° La contribution du département ;

3° Le contingent des communes, obligatoire pour elles dans les conditions réglées par l'article 136 de la loi du 5 avril 1884 ;

4° Les remboursements des départements ou des familles ;

5° Le produit des amendes de police correctionnelle conformément aux lois ;

6° Le revenu des biens et capitaux visés par l'article 16 de la loi ;

7° Le produit des successions recueillies en conformité de l'article 41 de la loi ;

8° Le produit et les revenus des dons et legs faits, pour ce service, au département, ainsi que le revenu des fondations, antérieurement constituées, en faveur du même service, au profit des hospices et dont ceux-ci ont l'administration ;

9° Le produit de l'exploitation des établissements départementaux affectés au service des Enfants assistés et moralement abandonnés.

Art. 91. — Les revenus des dons et legs faits au département, pour le service des Enfants assistés, devront conserver expressément l'affectation spéciale prescrite par les actes constitutifs de la libéralité.

Ils ne peuvent être employés à l'ensemble des services départementaux.

Art. 92. — Les recettes prévues aux paragraphes 7 et 8 de l'article 49 de la loi et 90 du présent règlement, doivent être employées, sous réserve des affectations spéciales imposées par les bienfaiteurs, à la création des dots de mariage en faveur de pupilles ou d'anciens pupilles des deux sexes.

L'attribution de ces dots est faite par la Commission départementale sur la proposition de l'Inspecteur adressée au Préfet.

Art. 93. — Les secours, pensions et indemnités sont incessibles et insaisissables ; les percepteurs ne peuvent, sans le consentement des mères secourues, des nourrices et des nourriciers, exercer, même pour cause de contributions, aucune retenue sur les sommes ordonnancées au profit de ceux-ci.

Ils ne peuvent pas non plus, sous peine de nullité, acquitter entre les mains des créanciers opposants les sommes dont il s'agit.

Art. 94. — Les décomptes des mois de nourrice et pensions sont exempts du timbre et d'enregistrement.

Art. 95. — Les certificats, significations, jugements, contrats, quittances et autres actes faits en vertu de la loi du 27 juin 1904 et des lois du 24 juillet 1889 et du 19 avril 1898, et exclusivement relatifs au service des Enfants assistés, sont dispensés du timbre et enregistrés gratis, lorsqu'il y a lieu à la formalité de l'enregistrement, sans préjudice du bénéfice de la loi du 10 juillet 1901, sur l'assistance judiciaire.

Dispositions générales.

Art. 96. — Le recouvrement, la manutention et la gestion des deniers pupillaires seront effectués d'après les règles déterminées par les décrets rendus en Conseil d'État en conformité de l'article 59 de la loi.

Art. 97. — Sont et demeurent abrogées toutes dispositions contraires au présent arrêté et notamment celles contenues dans le règlement général sur le service des Enfants assistés en date du 22 mars 1862.

Art. 98. — Le Conseil général d'administration des hospices civils de Lyon, l'Inspecteur départemental de l'Assistance publique, le Trésorier général, les Percepteurs, le Sous-Préfet de Villefranche, les Maires, les Commissaires de police sont chargés, chacun en ce qui le concerne, de veiller à l'exécution du présent arrêté, applicable après approbation ministérielle.

Lyon, le 6 juin 1905.

Le Préfet du Rhône,

G. ALAPETITE.

7156 LYON. — IMP. SCHNEIDER

www.ingramcontent.com/pod-product-compliance
Lightning Source LLC
Chambersburg PA
CBHW051350060726
47596CB00005B/1857